LETTRE

ADRESSÉE A S. EXC. M. LE MINISTRE DU COMMERCE, DE L'AGRICULTURE
ET DES TRAVAUX PUBLICS

sur

LE MEXIQUE

et

LES CONSÉQUENCES DE L'EXPÉDITION FRANÇAISE
DANS CES RICHES CONTRÉES

|Par **M. DUCHON DORIS** Junior

COURTIER DE COMMERCE ET ANCIEN MEMBRE DU CONSEIL MUNICIPAL

BORDEAUX

Eugène BISSEI, imprimeur, rue Porte-Dijeaux, 43.

—

1864.

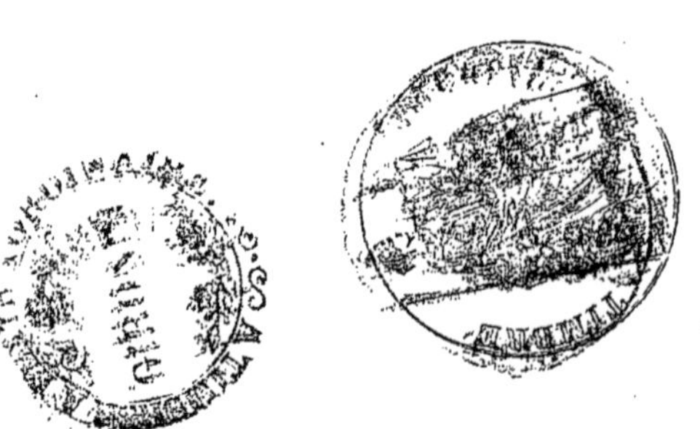

A SON EXCELLENCE

M. LE MINISTRE DU COMMERCE

DE L'AGRICULTURE ET DES TRAVAUX PUBLICS.

MONSIEUR LE MINISTRE,

Dans l'actualité, Monsieur le Ministre, je crois faire acte de bon citoyen, en éclairant l'opinion publique que l'on veut égarer sur les États du Mexique, contrées magnifiques, peu connues en France, parce qu'elles n'ont eu, jusqu'ici, des relations commerciales suivies et majeures qu'avec Bordeaux, depuis 1826; ce n'est que plus tard qu'elles en ont eu de considérables avec Paris et le Havre. Je le crois utile aussi, à l'occasion de l'amendement présenté au Corps législatif par plusieurs députés de l'opposition qui, non-seulement, blâment l'expédition du Mexique, sous le prétexte d'économiser les finances de la France, mais osent encore demander que l'on abandonne le Mexique et que l'on sacrifie les conquêtes glorieuses et tous les avantages que nos braves soldats ont acquis à la France au prix de leur sang, en venant venger les insultes prodiguées à nos nationaux par les républicains anarchistes et en apportant aux hommes d'ordre, aux honnêtes et loyaux Mexicains un secours fraternel et amical pour établir un gouvernement mexicain, élu par le suffrage universel, pouvant rétablir la tranquillité et la prospérité dans ces belles et productives contrées.

Car, depuis la révolution, le pays agité ne peut espérer la fin des troubles que par l'établissement d'un gouvernement monarchique, en harmonie avec le caractère, les coutumes, le degré de civilisation, les antécédents de la nation mexicaine. Le système fédératif renferme en lui-même le germe de sa destruction, car chaque État songe à ses propres intérêts avant de veiller à ceux des autres États de la contrée ; le pouvoir exécutif s'exerçant dans chaque État, il en résulte que les États d'une même contrée ont des lois différentes.

En 1827, lors de l'expulsion des Espagnols du Mexique, qui fut le résultat de la révolution intérieure des créoles et Indiens mexicains, reconquérant une nationalité asservie pendant trois siècles par la domination espagnole depuis la conquête de cet immense pays par Fernand Cortès, l'an 1516, ma position dans le commerce, comme courtier parlant l'espagnol, me mit en relation avec les Espagnols qui, quoique ne s'étant occupés que du commerce,

avaient été compris dans le décret d'expulsion générale, et, venus de toutes les parties du Mexique, avaient
choisi Bordeaux pour refuge, comme une ville commerciale près de l'Espagne, pouvant leur fournir les
moyens de continuer des rapports avec le Mexique,
où ils avaient des intérêts à liquider, des relations
commerciales à entretenir.

Ces Espagnols expulsés, quoique libéraux origi-
naires des provinces libres du nord de l'Espagne,
avaient une connaissance pratique et réelle de tout
le pays, par suite du séjour ou des affaires qu'ils
avaient faits dans toutes les villes du littoral et de
l'intérieur des États du Mexique.

C'étaient des commerçants ennemis du pouvoir
concentré dans les administrations espagnoles gou-
vernant le Mexique sous un vice-roi, et tous re-
connaissant aux Mexicains le droit naturel de s'affranchir du joug de l'Espagne et de redevenir une
nation mexicaine libre comme avant la conquête de
leurs oppresseurs.

Tous aussi avaient pu reconnaître que le gouvernement espagnol et de Rome avaient étouffé et re-
tardé le progrès national sous la pression du pouvoir
civil et militaire et du pouvoir clérical ; pression et
pouvoir qui devaient cesser le jour où la nation mexicaine aurait acquis la connaissance de ses droits nationaux et de son devoir de reconquérir la liberté dont
elle jouissait sous Montezuma, leur dernier empereur.

C'est donc par suite d'une appréciation pratique et suivie dans toutes les villes des vingt-trois États ou départements composant le Mexique, que ces commerçants espagnols avaient apporté la même pensée en venant en France, celle de considérer comme une nécessité et un bienfait l'assistance et l'appui de la France, pour aider les nationaux à établir un gouvernement mexicain assez fort pour assurer la tranquillité publique du pays et lui permettre de développer ses considérables ressources agricoles, industrielles et minérales.

Car les expulsés, déjà en quittant ces contrées, avaient acquis la conviction que, par ambition, les chefs militaires se disputeraient le pouvoir, comme y ayant les mêmes droits, et causeraient cette succession de Présidents d'une république unique, impossible dans de si immenses contrées : aussi ces chefs du pouvoir central étaient renversés aussitôt qu'un concurrent réunissait assez de soldats, ce qui créait des guerres civiles, fomentait la création des guerrillas, pillant, dévastant les provinces, rendant impossibles les cultures régulières.

Les révolutions qui ont servi, dans d'autres contrées, à développer des talents militaires, n'ont eu pour résultat, au Mexique, que de faire la fortune d'hommes en général dépourvus d'esprit militaire ; la hardiesse et l'audace ont servi de point de départ pour arriver au poste le plus élevé de la république.

La population du Mexique est de 7,500,000 âmes, sans progression depuis longtemps; l'armée, divisée dans les provinces, a varié de 20 à 30,000 soldats, avec un nombre disproportionné de chefs : 10 généraux, 150 lieutenants-généraux, des colonels et lieutenants-colonels à profusion.

Sous la domination espagnole de trois cents ans, le Mexique était divisé en douze provinces ; comme république fédérale, il se composait de vingt Etats confédérés et cinq territoires. Le pouvoir exécutif s'exerçait dans chaque État, qui avait des lois et coutumes différents. Sous le gouvernement central, le Mexique était divisé en vingt-quatre départements, soit : sur le golfe du Mexique, les Etats de Yucatan, Tabasco, Vera-Cruz, Tamaulipas ; dans l'intérieur, Puebla, Mejico, Queretaro, Michoagan, Nuevo-Léon, Zacatecas, Sanluis, Durango, Cohuila, Chihuahua, Nuevo-Mejico, Aguas-Calientes; sur l'Océan-Pacifique, La Sonora, les deux Californies, Sinalva, Jalisco, Guanaxareto, Guerero, Oaxaca, Chiapas.

Les Indiens du Mexique, d'une constitution faible en apparence, sont forts, portent de lourds fardeaux, sont infatigables à la course, c'est avec des coureurs que se donnaient autrefois les nouvelles d'une province aux autres. Les costumes des Indiens varient selon le climat qu'ils habitent, ils sont obstinés, rusés, superstitieux et ont conservé du respect religieux pour les fétiches de leurs aïeux idolâtres; ils ont un talent d'imitation à un degré supérieur pour les ouvrages en cire; ils ont beaucoup d'aptitude pour la musique. L'Indien est insouciant, léger, esclave de ses sens, d'un caractère inoffensif, enclin au repos ; quelques poignées de maïs semées près de sa cabane, des fruits et surtout des bananes suffisent à sa nourriture ; il loue son travail à prix modéré, même contre des avances, pour se procurer du tabac, des liqueurs, des étoffes, des bijoux pour donner à sa femme ou à sa fiancée ; ils ont conservé du respect, de l'attachement, du dévoûment pour la royauté.

En fait, M. le Ministre, le Mexique, grand quatre fois comme la France, situé entre l'Océan-Pacifique et l'Océan-Atlantique, doit à cette position de jouir d'une diversité de climats, froid, tempéré et chaud, selon que les terres s'abaissent vers la mer pour devenir terres, dites chaudes, sous un soleil ardent. Ces terres basses, arrosées de nombreux cours d'eau, sont fertiles en produits tropicaux, en bois de teinture jaunes et violets, mais malheureusement elles sont en partie marécageuses, malsaines à l'époque périodique des pluies, principalement pour les Européens.

Le pays devient sain en s'élevant dans l'intérieur, où il forme un très-grand plateau, au-dessus des mers, où des inclinaisons de terrain plus ou moins grandes occasionnent des plaines, des vallées, des lacs, ayant un climat plus ou moins tempéré, plus ou moins froid dans les parties montagneuses et procurant par ces variétés de température toutes les cultures :

Les cultures tropicales, sucre, café, cacao, tabac, coton, indigo, cochenille, bois de teinture, cuirs, jalap, piment, vanille, matières textiles, etc.; maïs et fruits tropicaux , surtout d'abondantes bananes, dont se nourrissent les Indiens ;

Celles des zônes tempérées, blé, orge, céréales de toute espèce, fourrages et riches mines de sel, etc.

Au Mexique, c'est dans la fertilité du sol qu'il faut chercher la véritable richesse ; l'agriculture y a fait souvent négliger les mines, sur lesquelles s'étaient portées l'industrie du pays ; dans quelques Etats plusieurs de ces mines abandonnées sont passées dans les mains de compagnies étrangères.

Il existe dans des provinces des fermes qui produisent 20 à 25,000 pains de sucre, de 12 kilog. chacun, d'un prix de revient de 20 à 30 francs les 100 kilog., sur les lieux, rapportant un revenu de 200 à 250 mille francs par an ; les cultures du tabac donnent des revenus très-rénumérateurs, celles des cotons le deviendront aussi avec des routes, des moyens de transports plus faciles et à meilleur marché que ceux actuels qui sont très-chers.

Cette diversité de culture et de produits de toute espèce est propre au Mexique qui peut cultiver , récolter et fournir au commerce et à l'intérieur des produits et denrées diverses, en quantités plus considérables qu'aucune autre colonie ou pays de l'Amé-

rique et de l'Asie , et les établir à des prix aussi bas
et plus bas que ceux des pays les plus favorisés, à
cause de la main-d'œuvre à bon marché, les Indiens
se contentant d'un salaire modéré, se louant même à
l'avance au premier besoin qu'ils éprouvent, et tenant
avec conscience leur engagement.

Toutes choses qui donnent au Mexique des avantages réels sur tous les autres pays du globe, à
l'exception de la Chine, parce que dans ce dernier
pays, civilisé depuis des siècles et bien cultivé, la
population a pu, à cause de cela, s'élever à plus de
400 millions, alors que le premier n'a pu encore dépasser 7 millions 500,000 habitants, l'augmentation
de la population ayant été arrêtée pendant la domination espagnole, par l'asservissement civil et religieux, qui retardait la civilisation et le progrès pour
se maintenir plus long-temps, et mettait obstacle à
l'accroissement qui, avec le temps aurait pu dépasser
100 millions d'habitants que ces contrées peuvent
facilement nourrir et vêtir.

C'est donc parce que ces négociants espagnols exilés
du Mexique connaissaient et comprenaient les multiples
ressources que possèdent les diverses provinces de ce
riche pays où se trouvent toutes les productions qui
ne se rencontrent que partiellement ailleurs ; qu'ils
désiraient, dès le commencement de la libération, que
ces provinces si grandes et si étendues, pussent éviter
l'anarchie et la guerre civile ; aucun des chefs nou-
veaux n'ayant assez de force pour résister aux at-

taques ambitieuses des autres chefs ; et ces négociants expulsés ont continué de désirer l'appui d'une
puissance amie, surtout en voyant et suivant les phases
des pouvoirs militaires qui se sont succédés sans
laisser de repos à ces contrées qu'ils opprimaient ;
rendant impossibles à cause des bandes de pillards
qui surgissaient, les travaux de l'agriculture et de
l'industrie, empêchant aussi l'exploitation suivie et
sans danger des mines d'or, d'argent, de mercure, de
cuivre, de fer et autres, spécialement dans les Etats
du centre ou avoisinant les mers du Sud.

Soyez convaincu, Monsieur le Ministre, qu'il y a
dans l'exploitation agricole des riches terres du
Mexique, dans l'exploitation des mines, abondantes
et négligées depuis longtemps, de quoi payer et rem-
bourser tous les frais occasionnés à la France par
l'expédition du Mexique, fussent-ils doubles.

Il y a des ôtages matériels à garder jusqu'à l'entière libération des dettes anciennes et nouvelles du
Mexique, qui peut déjà défrayer nos troupes, en
occupant comme rançon, le Yucatan et les ports de
Vera-Cruz et de Tampico sur la mer Altantique, la
Sonora, les basses Californies, et les ports importants
de Guaymas, San-Blas et Mazatlan, sur l'Océan Pa-
cifique, où se perçoivent les revenus des douanes (1).

Rien de plus naturel, de plus juste, pour rassurer
les opposants à l'expédition et au maintien de notre
armée au Mexique, que de prouver par des gages

d'une grande valeur, où se perçoivent les droits de douane, que la France, en étant utile au Mexique, en l'arrachant des mains des oppresseurs et lui procurant les moyens de devenir une grande et forte nation libre, autonome, a droit de garder ces gages jusqu'à l'entière libération de ses dépenses pour procurer au Mexique la tranquillité et de profitables résultats.

C'est en conservant des correspondances et des affaires avec des Mexicains et quelques Français établis au Mexique, en leur envoyant des produits français et européens pour recevoir en échange des produits mexicains, ou de l'or et de l'argent en nature, que depuis 1827 mes amis et moi avons toujours fait des vœux et quelques démarches pour obtenir l'appui de la France, afin de rétablir l'ordre avec le concours de la majorité mexicaine qui, depuis longtemps, demande le repos, et soupire après cet appui.

Nous avons donc vu avec enthousiasme l'expédition au Mexique due à S. M. Napoléon III ; elle était devenue une nécessité, puisque depuis trente-sept ans les révolutions qui se succédaient ruinaient le pays ; ce qui n'était qu'intuition et prévoyance, en 1827, était devenu une nécessité, chaque année rendant de plus en plus indispensable une expédition militaire protectrice au Mexique.

Nous avons l'intime conviction, ainsi que nous sommes en situation de pouvoir sainement l'apprécier, que cette expédition au Mexique sera pour la France glorieuse, civilisatrice, humanitaire, avantageuse au commerce international et à l'industrie, enfin honorable et bienfaisante.

En conséquence, pour éclairer l'opinion publique si étrangement égarée, surtout par des oppositions qui ne basent leur critique que sur la question momentanée de l'argent, sur des idées mesquines d'économies des dépenses de la France et qui sont de plus en plus d'avis d'abandonner d'aussi glorieux résultats, donnant ainsi à penser qu'elles redoutent les actions de grâces qui seront rendues à l'Empereur, lorsqu'une réussite, qui se développe chaque mois, deviendra complète sous peu ; nous sollicitons du gouvernement de l'Empereur la nomination d'une commission pour faire reconnaître les avantages de l'expédition française au Mexique, soit dans l'actualité, soit dans l'avenir ; nous demandons que cette commission supérieure soit composée de banquiers ayant des relations au Mexique et en Amérique, de négociants et armateurs de nos ports ayant eu ou ayant encore des rapports avec le Mexique, de grands manufacturiers et industriels, de membres de l'Institut, et que cette commission soit chargée de prouver, par tous renseignements et documents officiels, qu'elle pourra et devra se procurer, soit en Amérique, soit en Europe, que les appréciations et les déductions ci-dessus sont vraies et concluantes, pour rendre des actions de grâces à la pensée auguste qui a décidé l'expédition au Mexique, en vue des intérêts généraux de la France et de la paix générale.

Comme justification des éminents motifs qui ont créé l'expédition du Mexique, nous espérons que le gouvernement de l'Empereur daignera accueillir notre patriote supplique de la création d'une commission supérieure chargée d'apprécier, sous tous les rapports, les avantages de l'expédition de la France au Mexique.

Ce vœu hautement et nationalement exprimé, permettez-moi, Monsieur le Ministre, de continuer.

L'expédition française au Mexique est non-seulement une entreprise civilisatrice, humanitaire, utile au commerce, à l'industrie, aux produits naturels français, et dont les résultats seront les plus heureux et avantageux à la France ; mais c'est encore créer une expédition de la plus haute portée politique, la plus sérieuse, la plus efficace, pour arrêter les républicains révolutionnaires dans leurs projets de longue main médités, d'établir la république dans toute l'Amérique du Nord, Cuba et le Canada compris, et la suzeraineté dans les Amériques du Centre, et de l'hémisphère Sud ; par suite, comme conséquence dans toute l'Europe.

Commençons par examiner l'influence de l'expédition au Mexique sous le rapport commercial, international et civilisateur.

L'opposition de toutes les nuances qui attaque l'expédition au Mexique est en premier lieu occupée de trouver un moyen de blâme des actes du gouvernement de l'Empereur ; une partie de cette opposition, préoccupée des idées révolutionnaires politiques qui l'accablent ou l'aveuglent, n'a pas voulu examiner la question sous le rapport commercial et civilisateur, et se rendre compte des avantages résultant pour une grande métropole ou mère-patrie, d'ouvrir ou d'agrandir des relations amicales, des débouchés nombreux et divers, dans une grande nation et dans d'immenses contrées susceptibles de pouvoir consommer et payer ce qu'elles consomment et consommeront.

C'est ce qui a lieu cependant depuis l'origine des sociétés, et c'est ce à quoi ont tendu tous les peuples intelligents par le commerce, c'est aussi ce qui leur a procuré la richesse, une grande puissance, des améliorations sociales, artistiques et philosophiques.

N'est-il pas historique que les Phéniciens ont commencé et accru leurs richesses et leur puissance maritime par des opérations commerciales dans l'Inde par la mer Rouge, dans la Méditerranée et l'Océan par celles en Afrique, en Espagne, à Marseille et dans les Gaules.

Après ces premiers navigateurs, ce sont les Egyptiens qui ont colonisé la Grèce et la Macédoine et créé les républiques qui ont jeté tant d'éclat dans l'histoire des peuples ; ensuite ce sont les Carthaginois qui, par leur puissante marine, ont pu faire trembler Rome, lutter avec la république romaine en Afrique, dans l'Orient, en Grèce, en Espagne et dans les Gaules, en même temps que par le commerce avec ces contrées, les Carthaginois acquéraient des richesses qui augmentaient leur force et leur puissance.

En fait aussi, les nations européennes modernes ne sont devenues des puissances de premier ordre que par leur marine, et en faisant des expéditions et conquêtes lointaines hors d'Europe, en-deça et au-delà des caps Horn et de Bonne-Espérance.

L'histoire ne nous apprend-t-elle pas que l'Espagne, par les expéditions lointaines en Amérique de Christophe Colomb, de Fernand Cortès au Mexique, des Pizarres au Chili et au Pérou, par suite à La Plata, plus tard aux Philippines dans l'Inde, devint la plus riche et la première puissance de l'Europe, par la prospérité et l'argent que lui procurèrent toutes ces belles, grandes et riches conquêtes ?

Hélas ! le despotisme fanatique des souverains espagnols, celui du clergé ont successivement et par négligence, diminué cette gigantesque puissance sous Philippe II, et préparé l'émancipation de toutes leurs colonies, à l'exception de Cuba et des Philippines.

N'est-ce pas aussi à des éxpéditions lointaines, en Afrique, en Amérique, au Brésil, dans les Indes orientales, que le petit royaume de Portugal a dû une grande puissance maritime, un grand commerce, d'immenses richesses et de belles colonies, qu'il a perdus par les mêmes motifs que l'Espagne, la plus belle, le Brésil , par une séparation d'avec la mère-patrie ?

N'est-ce pas aussi à des expéditions lointaines et à une forte marine , que les Etats de la Hollande ont dû d'acquérir des relations commerciales et des conquêtes à Surinam et Sainte-Croix en Amérique, des colonies au cap Bonne-Espérance, au-delà du cap à Ceylan , à Java, Sumatra et aux Molluques ? En Chine et au Japon ils ont des relations commerciales ; et après avoir perdu partie de ces colonies, la Hollande trouve encore dans ses possessions malaisiennes, de Java et de Sumatra, une grande prospérité commerciale.

N'est-ce pas avec le concours de la marine et de flottes considérables, que l'Angleterre, devenant la plus puissante marine du monde, a pu lutter avec le colosse Napoléonien, avec la France ; lui enlever en Amérique le Canada et Terre-Neuve ; dans les Indes orientales, Maurice, les Seychelles, les territoires des établissements français à la côte Malabar, à la côte Coromandel, et ceux de Chandernagor au Bengale.

L'Angleterre, par ses expéditions lointaines, ses conquêtes et établissements commerciaux, au cap de Bonne-Espérance, à Ceylan , Bombay, Cochin , Madras, dans l'Indoustan ; à Calcutta, dans le Bengale ; à Delhi, dans le Lahore et le Punjaub ; au Pégu, à Singapoor, en Chine et ailleurs , a acquis une richesse commerciale inconnue jusqu'ici, qui a fait de Londres

2

et Liverpool les premiers et plus riches marchés de l'univers, et placé cette nation commerçante et marchande à l'apogée de la puissance maritime.

Quant à la France, rappelons avec orgueil ses colonies, ses possessions, sa prospérité, sa gloire maritime avant 1789; avec l'espoir, devenu une certitude, de reposséder un jour ce que les chances de la guerre nous ont enlevé, de reprendre sur mer un des premiers rangs, celui d'autrefois, comme nous l'avons repris sur terre.

Rappelons aussi que c'est au génie commercial du grand Colbert que, dès 1630 et par suite d'expéditions lointaines, la France dut la conquête du Canada encore français de cœur ; de Terre-Neuve, de la Louisiane, des Antilles, et parmi elles, de Saint-Domingue, aujourd'hui Haïti; alors la reine des Antilles, la meilleure, la plus productive, la plus riche des colonies, procurant une fortune à la France, par le port de Bordeaux spécialement, dont elle causait la splendeur, attestée par le plus beau théâtre du monde, les hôtels vastes et multipliés qui embellissent cette ville, et dont elle faisait alors, par des vaisseaux et des cargaisons, le premier marché de l'Europe ; où les Italiens, les Autrichiens, les Allemands, les Prussiens, les Russes, etc., venaient s'approvisionner en sucre, café, indigo, etc., en même temps qu'ils exportaient nos vins, eaux-de-vie et fruits du Midi.

C'est à ces expéditions lointaines, critiquées par des

esprits mesquins, haineux et ignorants de ce que nous étions autrefois, que la France dut aussi, grâce au grand Colbert, ministre d'un grand roi, la conquête et la possession du fleuve le Sénégal, d'un parcours navigable de deux cent cinquante lieues, et de la Sénégambie dont il arrose et fertilise les bords par des inondations périodiques de juillet à septembre, comme le Nil; colonie française d'un grand avenir, ayant suzeraineté : 1° sur les tribus des Maures nomades et pasteurs qui campent sur la rive droite et nous fournissent des bœufs, des cuirs et deux à trois millions de kilogrammes de belle gomme pure; 2° sur la rive gauche, sur les districts et royaumes habités par des millions de nègres cultivateurs, qui nous livrent, contre des échanges avantageux de produits français, ceux de leur sol; soit deux cents cargaisons de deux à trois cent tonnes d'arachides dont nos usines fabriquent des huiles limpides et blanches, à prix modéré, et de plus, des cuirs, de la cire, du morphil, des bois d'ébénisterie, de l'or. On commence à y cultiver le coton et l'indigo, produits de végétaux natifs du Sénégal, mais jusqu'ici négligés, par suite des guerres civiles intérieures auxquelles nous avons mis un terme, ce qui nous permettra aussi d'étendre nos relations dans l'Afrique centrale.

C'est aussi aux expéditions lointaines, encouragées par Colbert, créant la grande Compagnie orientale française, ayant Lorient pour point de départ et de retour, et la Compagnie occidentale, que la France dut la possession de la Guyane française et Cayenne en Amérique ; au-delà du cap de Bonne-Espérance, des îles de Maurice et de Bourbon, des îles Seychelles, d'une partie de l'île de Madagascar ; dans l'Inde, des établissements français de Mahé, Cochin et leur territoire sur la côte de Malabar ; sur la côte de Coromandel Karikal, Pondichéry, Yanaon et leurs vastes territoires cultivés et peuplés d'Indous libres attachés à la France, industrieux fabricants d'étoffes et tissus de coton ; à Pondichéry principalement, dont la population manufacturière et teinturière fournissait à la France et à ses colonies des milliers de pièces de tissus de coton, madapolam, mousselines blanches fines ou teintes, des perses et indiennes aux brillantes couleurs, de grandes quantités de mouchoirs teints en toutes couleurs, dits madras, enfin, des toiles bleues dites guinées dont l'Afrique fait une grande consommation, et qui, jusqu'ici, n'ont pu être imitées soit en Angleterre, soit en France, avec une couleur bleue d'aussi bon teint.

Nos grandes et étendues possessions françaises, le long de la côte de Coromandel et dans l'intérieur, nous donnaient la suzeraineté des royaumes et des rajahs de l'Indoustan, qui s'appuyaient sur la France contre l'envahissement des Anglais. Les souvenirs des guerres glorieuses de la France alliée à Tipoo-Saïb rajah, du royaume de Mysore, sont historiques, de même que nos victoires navales dans la mer des Indes contre les Anglais. Les souvenirs brillants et amicaux que la France a laissés dans les contrées indoues de l'Indoustan sont encore vivaces chez les Indiens qui ont une prédilection pour la France. On trouve dans leurs cabanes des images de nos généraux, des images et statuettes du grand sultan Napoléon Ier, devant un jour venir dans les Grandes-Indes comme il a été en Égypte. Enfin, citons encore notre comptoir et établissement de Chandernagor et son territoire dans le Bengale.

Ce fut donc par suite d'expéditions lointaines, provoquées par le grand ministre Colbert, que la France, de 1630 à 1790, put devenir, avec la conquête de si belles et grandes colonies et possessions, une grande puissance maritime, militaire et commerciale ; qu'elle leur dut la prospérité, la splendeur, la richesse de son commerce, de ses colonies et des Compagnies occidentale et orientale, une belle et brillante marine pouvant lutter alors avec avantage avec celle des autres peuples de l'Europe et faire respecter le pavillon français sur mer.

Les mauvaises chances et les malheurs de la guerre maritime, après 1789, nous ont fait perdre nos vais-seaux et dépouillé la France de toutes ses belles possessions ; elles sont devenues, par droit de conquête, la proie de l'avidité anglaise, qui ne nous a remis, après la paix de 1815, que les deux petites îles de la Martinique, de la Guadeloupe, et Cayenne en Amérique, Bourbon, et les possessions françaises dans l'Inde, mais privées des grands territoires qui les rendaient si puissantes, et le Sénégal en Afrique.

Ces cruelles et sensibles pertes n'ont pu permettre aux Français de reprendre la prospérité et la splendeur d'autrefois, prospérité historique, mais inconnue des populations actuelles, puisqu'une minorité tracassière d'opposition ne comprend ou ne veut pas comprendre combien les expéditions lointaines, qui ont été si utiles et si avantageuses avant 1789, peuvent encore procurer des relations commerciales, amicales, lucratives, des débouchés et placements de marchandises et produits français, relations d'affaires, de commerce et d'avenir nécessaires à rechercher et entreprendre, comme celles faites en Chine, Cochinchine et surtout au Mexique. Comment espérer, sans cela, d'ouvrir des débouchés à nos surabondants produits industriels et du sol, procurer des émigrations indispensables à une jeunesse instruite, vive, inquiète, ne demandant qu'à aller acquérir de la fortune et des richesses qui reviennent toujours à la mère-patrie, à l'avantage de tous ! Il ne faut pas être bon Français et patriote conservateur pour attaquer avec passion les heureuses expéditions nationales entreprises par l'Empire, dont la France retirera de si grands résultats.

Certes, l'expédition en Afrique et la conquête de l'Algérie ont été glorieuses et une cause de grandeur pour la France ; mais les millions et les soldats français que cette conquête a coûtés n'ont pu procurer de ressources commerciales dans un pays où les habitants manquent, où, à côté des Maures indigènes et cultivateurs, les belliqueux Arabes, beaucoup plus nombreux , sont pasteurs nomades , chasseurs et guerriers ; toutefois, nous devons aux armées créées pour acquérir la domination de l'Algérie, ces braves et invincibles soldats qui ont vaincu en Crimée, en Italie, au Mexique, et qui nous rendent l'arbitre puissant de l'Europe et de l'univers.

Toutefois encore, croyons et reconnaissons que l'idée auguste de créer en Algérie un empire arabe sous la suzeraineté de la France, nous assurera, sans verser le sang français, la suzeraineté de toutes les populations arabes et nègres, si importantes, et de plusieurs millions d'âmes du Sahara , du Soudan et des royaumes populeux de l'Afrique centrale, nous reliant avec le Sénégal.

En résumé, par ce qui précède, le passé prouve l'utilité pour tous les peuples anciens et modernes, dans l'intérêt de la mère-patrie, de toutes ces expéditions lointaines qui élèvent les nations au premier rang, soit sous le rapport de la richesse, de la splendeur et de la gloire, soit sous le rapport moral, pour développer et augmenter la civilisation, l'instruction et les bienfaits de l'Evangile.

Ces incontestables avantages civilisateurs et humanitaires rendent anti-français et misérable l'esprit mesquin d'une opposition haineuse qui critique et blâme, comme un moyen de désaffectionner et de renverser, les expéditions lointaines de la France, en Chine, Cochinchine et au Mexique; alors que, sous le rapport commercial et moral, la France a et aura les plus grands avantages à en recueillir. Passons à la partie politique.

Il ne faut qu'entrevoir la jalousie que nos succès causent à l'Angleterre et aux Etats du nord de l'Amérique, pour reconnaître la grande portée politique du succès des armes françaises au Mexique; l'Angleterre y voit la suprématie de nos relations commerciales et de notre commerce, de notre influence non—seulement au Mexique, mais dans tous les Etats des confédérés du Sud séparés du Nord , dans toutes les républiques du Centre-Amérique, du Pérou, du Chili et de la Côte-Ferme, où le drapeau glorieux, pacificateur et respecté de la France est et sera recherché comme l'appui de l'ordre contre le désordre et l'anarchie.

Relativement aux Etats—Unis, l'importance de notre expédition au Mexique et ses conséquences sont encore plus grandes ; c'est incontestablement l'arrêt fatal de la puissance américaine du Nord ; la pensée d'arracher le Mexique à l'anarchie créée par le système républicain reconnu impuissant à gouverner, celle de consolider la tranquillité dans un pays aussi immense , divisé en provinces autrefois, en Etats et départements depuis la libération , en proie aux révolutions d'ambitieux s'occupant de leurs intérêts et de leur fortune ; cette haute et auguste pensée a une immense portée.

Elle arrête les projets ambitieux, de longue main médités à Washington, de réunir le Mexique à l'Union, comme on a déjà réuni le Texas, d'envahir Cuba et le Canada, de rattacher à l'indépendance de la république générale des Etats-Unis de l'Amérique du Nord, les petites républiques du Centre-Amérique, de la Côte-Ferme, du Pérou, du Chili, de la République orientale, d'amener la chute de l'empire du Brésil, par la libération hypocritement mise en avant de la liberté des esclaves noirs.

Maîtres ou suzerains des deux Amériques, les républicains absolus du Nord, soit les Yankees, avaient l'intention, dans l'intérêt de leurs industries, de leurs manufactures, de leurs produits du sol, de repousser de plus en plus par l'élévation des tarifs, les produits agricoles, les produits industriels et fabriqués de l'Europe. Déjà, il y a trente ans, M. Hyde de Neuville avait reconnu et publié que le tarif Morril, injustement appliqué aux Etats du Sud, motiverait une séparation ; déjà cet illustre diplomate pressentait l'ambition des républicains du Nord de dominer partout.

Relativement à la politique, l'intention arrêtée et sérieuse des républicains du Nord-Amérique, est ou était de remplacer les monarchies constitutionnelles en Europe, par une république universelle ou fédérale ; dans ce but les comités républicains établis partout en Europe sont en relation suivie avec ceux de New-York et de Washington, préparent et servent ces ambitieux projets, heureusement devenus inexécutables depuis quelques années,

Car si on a pu croire à la supériorité du gouvernement des Etats-Unis prôné par ses adhérents, comme le modèle des gouvernements sous forme de république, où la liberté la plus absolue régnait à l'avantage, disait-on, de la société américaine, et causait une prospérité croissante, une force publique se faisant craindre de l'Europe, particulièrement de l'Angleterre, qu'elle avait pu humilier impunément plusieurs fois; — on a reconnu depuis deux ans que cela était de la forfanterie ; car onze Etats du Sud de l'Union s'étant séparés des Etats du Nord, à cause de l'injuste tarif Morril qu'ils subissaient au profit des manufactures du Nord et au désavantage de ce que l'Europe pouvait leur fournir à meilleur marché, en échange de leur coton, tabac, bois merrain, céréales, graisse, lard, produits résineux, n'ont eu qu'à se confédérer pour résister à ce tarif et à la libération des noirs, leur propriété, libération mise en avant, comme motif de l'asservissement que voulaient les Yankees ; et pour démontrer à l'Europe que cette puissance du Nord, si vantarde, n'ayant pour base que l'exaltation des républicains, était impuissante à avoir une armée de citoyens américains patriotes, et obligée de solder à prix d'or les hommes mercenaires venus par émigration de tous les peuples européens ; tous ces volontaires ou engagés n'ont pu triompher, après deux ans de guerre, des patriotes héroïques du Sud, tous créoles américains, négociants et propriétaires, et malgré les milliards gaspillés en partie au profit des fournisseurs.

En fait, la situation des belligérants est au même point de départ ; il serait donc temps que la France et l'Europe, surtout les nations monarchiques, par respect et admiration pour la valeur des hommes du Sud et du principe sacré des droits de nationalité, reconnussent enfin les onze Etats confédérés du Sud comme un peuple voulant avec équité se séparer des Etats du Nord avec lesquels ils ont pu se séparer, lorsqu'il leur devint utile et avantageux de reprendre leur liberté et de s'affranchir du joug oppresseur des Etats du Nord, avec lesquels ils n'ont ni des relations sympathiques ni des rapports commerciaux avantageux.

Certes si l'Angleterre, satisfaite de voir diminuer la puissance américaine qui l'avait humiliée, n'avait préféré la voir se détruire de plus en plus par la continuation d'une aussi désastreuse guerre civile, plutôt que de donner son concours à la France qui le sollicitait, pour arriver, par la conciliation à mettre un terme à des combats répandant le sang humain sans résultat, à la suite desquels cependant on a vu le Président républicain absolu du Nord, invoquer le nom de Dieu pour lui rendre des actions de grâces pour de prétendues victoires contre des compatriotes ! Sans doute cet accord humanitaire de la France et de l'Angleterre eût terminé depuis un an cette odieuse épisode fratricide, où l'absolutisme des républicains du Nord ne veut pas, au nom de la liberté, la séparation des onze Etats du Sud : ceux-ci cependant, avec le même droit qu'ils ont eu en gardant leur autonomie et leur pouvoir intérieur, de s'agréger, de se réunir aux Etats du Nord à l'Union américaine, parce qu'alors ils y trouvaient avantage, ont en même temps conservé le droit de se séparer ; leurs intérêts actuels ne concordant plus et leur en faisant un devoir de conservation ; n'est-il donc pas absurde et odieux de vouloir, à coups de canon, faire rentrer dans l'union générale, les Etats du Sud considérés à l'encontre de la Constitution américaine, comme des révoltés par les Etats du Nord ? La fraternité ne pourra jamais exister par alliance forcée.

Concluant, nous croyons avoir prouvé, par suite d'expérience et de notre connaissance pratique des choses depuis 1826, qu'il y a eu nécessité dès les premiers jours de la reconstitution mexicaine, d'un appui et secours de la France, afin d'aider les Mexicains à fonder librement un gouvernement fort, pour établir la tranquillité, l'ordre, et résister aux idées révolutionnaires, aux actes et aux révoltes des ambitieux, anéantir les bandits et les guerrillas, profitant, pour piller et vivre aux dépens des provinces, de l'expulsion du pouvoir militaire espagnol qui les contenait.

Nous avons reconnu, d'accord avec les Espagnols libéraux expulsés du Mexique et les Mexicains avec lesquels ils n'ont cessé de correspondre, que le Mexique est composé de départements séparés et à de trop grandes distances, pour être régi par une république unique, fût-elle une république fédérale, et même par un pouvoir central, essayé déjà sans bons résultats.

Les intérêts, les coutumes, les habitudes, les productions de ces diverses divisions par département étant différents entre eux, il en résultait que le système républicain, bon et sans trouble dans de petits Etats, ne pouvait exister et fonctionner sans difficulté dans d'immenses contrées sans routes carrossales, sans communication rapide, offrant trop de facilité aux insurrections politiques, ou, sous le prétexte politique, aux exactions des bandes de pillards.

Cette nation, si longtemps asservie par les Espagnols, alors qu'elle avait existé heureuse sous un monarque absolu, un empereur élu par la nation, doit, pour étouffer à jamais toutes les ambitions, choisir pour empereur un descendant de Montézuma, s'il en existe encore, ou un prince étranger ; à cet égard nous devons dire et faire savoir que la majorité des Mexicains et surtout des Indiens eût préféré un prince français de la dynastie napoléonienne, à défaut, un de nos généraux ou maréchaux français, à l'exemple de la Suède élisant Bernadotte.

Ainsi la pensée d'une expédition française au Mexique date de l'époque de la révolution en 1822 et de la libération en 1826 ; et en réalité l'expédition française actuelle est et sera utile à la France, sous le rapport commercial et international, profondément politique par ses conséquences, d'arracher et soustraire le Mexique à l'ambition républicaine du Nord, qui médite de faire dominer partout l'idée républicaine et la république universelle ; elle soustraira les monarchies eu-

ropéennes à l'anéantissement et rendra impossible
l'avénement de la république universelle, république
impossible, et en réalité moins profitable aux peuples civilisés que les monarchies constitutionelles et
les empires accordant les moyens légaux, et sages de
contrôle, seuls pouvoirs pouvant fonctionner à l'avantage des populations et de la nation dans un grand pays.

Par conséquent il y a lieu d'appeler l'attention
publique sur la vraie situation des choses et de l'expédition au Mexique, et à cet égard de faire prouver
et reconnaître par une enquête ou une commission
choisie par le Gouvernement, que cette expédition est
une des plus avantageuses à la France par ses conséquences futures, afin de prouver à l'opposition que
ses critiques dévoilent ses plans d'attaques contre le
Gouvernement. Celui-ci, avec l'appui de l'assenti-
ment général, ne permet pas de laisser répandre
sans être combattues les manœuvres des idéolo-
gues et des républicains qui veulent ramener les esprits en faveur du rétablissement de la république :
oubliant que, par l'expérience deux fois faite, ce
mode de gouvernement n'est pas viable en France,
divisée par des intérêts si opposés : la volonté librement exprimée du commerce, des industriels, des
chefs et ouvriers des petites industries, des petits
propriétaires, surtout dans la campagne, des petits
rentiers et possesseurs de valeurs industrielles, des
travailleurs, tous intéressés à la conservation de l'ordre public étant de créer la grande majorité démo-
cratique et populaire qui, par le suffrage universel,

a choisi et acclamé Napoléon III et la dynastie napoléonienne et l'a élevé librement sur le pavoi de l'Empire.

DUCHON DORIS Junior,

Courtier de commerce,
ancien membre du Conseil municipal de Bordeaux.

Bordeaux , le 25 janvier 1864.

------

(1) C'est avec les droits de douane perçus pendant une année
dans le port de Mazatlan, s'élevant à plus de trente millions de
francs, malgré de larges concessions et diminutions du tarif faites
aux importeurs, que notre ennemi Juarez s'est procuré les ressources qui lui ont permis de lutter contre la France, de retarder le
progrès de nos armes. C'est cet argent perçu qui a causé tant de
souci et de sang. Sous peu la prise des ports de Mazatlan, Guaymas, San-Blas, portera un coup mortel à la résistance que l'on ne
pourra plus chèrement solder.

N'oublions pas que l'Espagne, après avoir fait payer au Mexique
les dépenses du vice-roi, des administrations civiles et de l'armée
espagnole d'occupation, retirait encore un revenu net de cinquante
millions de piastres, soit cent cinquante millions par an, que, le
revenu des douanes en formait la plus grande partie ; que dans l'actualité, le revenu des douanes du Mexique par les ports de Vera-
Cruz, de Tampico, de Guaymas, San-Blas et Mazatlan, s'élève au-
delà de cent vingt millions par an.